中国铁建股份有限公司企业标准

铁路箱梁架设信息化施工技术规程

Technical Regulation for Informatized Construction of Box Girder Erection on Railway

Q/CRCC 13201—2020

主编单位：中铁十二局集团有限公司
批准单位：中国铁建股份有限公司
实行日期：2021年5月1日

人民交通出版社股份有限公司

2021·北京

图书在版编目（CIP）数据

铁路箱梁架设信息化施工技术规程／中铁十二局集团有限公司编著．— 北京：人民交通出版社股份有限公司，2021.4

（中国铁建股份有限公司企业标准）

ISBN 978-7-114-17238-0

Ⅰ．①铁… Ⅱ．①中… Ⅲ．①铁路桥—钢箱梁—桥梁工程—中国—技术规范 Ⅳ．①U448.13-65

中国版本图书馆 CIP 数据核字（2021）第 069196 号

标准类型：	中国铁建股份有限公司企业标准
标准名称：	**铁路箱梁架设信息化施工技术规程**
标准编号：	Q/CRCC 13201—2020
主编单位：	中铁十二局集团有限公司
责任编辑：	曲　乐
责任校对：	孙国靖　卢　弦
责任印制：	张　凯
出版发行：	人民交通出版社股份有限公司
地　　址：	（100011）北京市朝阳区安定门外外馆斜街 3 号
网　　址：	http：//www.ccpcl.com.cn
销售电话：	（010）59757973
总 经 销：	人民交通出版社股份有限公司发行部
经　　销：	各地新华书店
印　　刷：	北京印匠彩色印刷有限公司
开　　本：	880×1230　1/16
印　　张：	3.75
字　　数：	93 千
版　　次：	2021 年 4 月　第 1 版
印　　次：	2021 年 4 月　第 1 次印刷
书　　号：	ISBN 978-7-114-17238-0
定　　价：	38.00 元

（有印刷、装订质量问题的图书，由本公司负责调换）

中国铁建股份有限公司文件

中国铁建科创〔2020〕172号

关于发布《铁路箱梁架设信息化施工技术规程》等6项中国铁建企业技术标准的通知

各区域总部，所属各单位：

现发布《铁路箱梁架设信息化施工技术规程》（Q/CRCC 13201—2020）、《大直径泥水盾构施工安全技术规程》（Q/CRCC 33302—2020）、《铁路建设项目水土保持施工及验收规程》（Q/CRCC 12701—2020）、《悬挂式单轨交通机电系统技术标准》（Q/CRCC 33303—2020）、《铁路车载移动测量技术规程》（Q/CRCC 13501—2020）和《盾构法水下交通隧道技术规程》（Q/CRCC 33304—2020），自2021年5月1日起实施。

6项标准由人民交通出版社股份有限公司出版发行。

中国铁建股份有限公司

2020年12月23日

中国铁建股份有限公司行政办公室　　　　　　　2020年12月23日印发

前 言

本规程根据中国铁建股份有限公司《关于下达 2019 年中国铁建企业技术标准编制计划的通知》（中国铁建科技〔2019〕127 号）的要求，由中铁十二局集团有限公司会同有关单位编制完成。

本规程编制过程中，编制组进行了深入调查研究，系统地总结工程实践经验，广泛征求有关单位和专家意见，并与相关标准进行了协调，经反复讨论、修改，由中国铁建股份有限公司科技创新部审查定稿。

本规程共分 10 章和 2 个附录，主要内容包括：1 总则；2 术语；3 基本规定；4 信息化施工平台；5 信息化设施及系统配置；6 施工准备；7 箱梁装运；8 箱梁架设；9 信息化施工管理；10 信息系统安全。

本规程由中铁十二局集团有限公司负责具体技术内容的解释，由中国铁建股份有限公司科技创新部负责管理。规程执行过程中如有意见或者建议，请寄送至中铁十二局集团有限公司（地址：山西省太原市西矿街 130 号，邮编：030024，电话：0351-2653907，邮箱：898781349@qq.com），以供今后修订时参考。

主 编 单 位：中铁十二局集团有限公司
参 编 单 位：中铁十二局集团第一工程有限公司
主要起草人员：张国红 郭文军 李建军 张晓波 米俊峰 张上伟 姜长军
　　　　　　　胡献标 祁国欢 史会鸽 陈 勇 王丽丽 田国松 严 召
　　　　　　　唐智华 刘跃辉

主要审查人员：骆 红 张德萍 高 策 许和平 贾志武 李庆民 吴少海
　　　　　　　龚成明 黄 华 许爱民 姜仁贵 吴明杰 付新元 朱晓伟
　　　　　　　南彭川 李 巍 代 宇 崔天宝 陈永祥 梁之海 刘 雄
　　　　　　　富成玮

目　次

1 总则 ·· 1
2 术语 ·· 2
3 基本规定 ··· 4
4 信息化施工平台 ·· 6
　4.1 信息化施工体系 ·· 6
　4.2 信息化施工平台功能要求 ··· 8
5 信息化设施及系统配置 ·· 10
　5.1 一般规定 ··· 10
　5.2 提梁机信息化配置 ··· 11
　5.3 运梁车信息化配置 ··· 12
　5.4 架桥机信息化配置 ··· 13
　5.5 展示终端信息化配置 ··· 13
　5.6 网络设施配置 ·· 13
6 施工准备 ··· 15
　6.1 一般规定 ··· 15
　6.2 技术准备 ··· 15
　6.3 设施安装 ··· 17
　6.4 设施调试 ··· 19
7 箱梁装运 ··· 21
　7.1 一般规定 ··· 21
　7.2 人员就位 ··· 21
　7.3 设备检查 ··· 22
　7.4 支座预安装 ·· 22
　7.5 提装梁 ··· 23
　7.6 运梁 ·· 24
8 箱梁架设 ··· 26
　8.1 一般规定 ··· 26
　8.2 人员就位 ··· 27
　8.3 设备检查 ··· 27
　8.4 架桥机过孔就位 ··· 27
　8.5 喂梁 ·· 31

8.6 箱梁就位 ·· 32
8.7 支座灌浆 ·· 33

9 信息化施工管理 ·· 34
9.1 一般规定 ·· 34
9.2 安全管理 ·· 34
9.3 质量管理 ·· 35
9.4 人员管理 ·· 35
9.5 进度管理 ·· 37
9.6 物资管理 ·· 37
9.7 设备管理 ·· 37
9.8 成本管理 ·· 38

10 信息系统安全 ·· 39
10.1 一般规定 ··· 39
10.2 物理安全 ··· 39
10.3 运行安全 ··· 40

附录 A 点检安全检查表 ·· 42
附录 B 支座安装检查表 ·· 45
本规程用词说明 ·· 46
引用标准名录 ··· 47
涉及专利和专有技术名录 ·· 48

Contents

1 **General Provisions** ··· 1
2 **Terms** ·· 2
3 **Basic Requirements** ·· 4
4 **Informatized Construction Platform** ·· 6
    4.1 Informatized Construction System ·· 6
    4.2 Function Requirements of Informatized Construction Platform ············· 8
5 **Information Facilities and System Configuration** ································· 10
    5.1 General Requirements ·· 10
    5.2 Information Configuration for Girder-lift Machinery ·························· 11
    5.3 Information Configuration for Girder Transporter ······························ 12
    5.4 Information Configuration for Girder-erecting Machinery ··················· 13
    5.5 Information Configuration for Terminal Display ································· 13
    5.6 Configuration for Network Facilities ··· 13
6 **Construction Preparation** ·· 15
    6.1 General Requirements ·· 15
    6.2 Technical Preparation ··· 15
    6.3 Installation of Facilities ·· 17
    6.4 Facilities Commissioning ·· 19
7 **Girder Transporting** ·· 21
    7.1 General Requirements ·· 21
    7.2 Personnel Preparation ··· 21
    7.3 Equipment Inspection ··· 22
    7.4 Pre-installation for Bearings ··· 22
    7.5 Lifting and Fitting for Girder ··· 23
    7.6 Girder Transporting ··· 24
8 **Girder Erection** ··· 26
    8.1 General Requirements ·· 26
    8.2 Personnel Preparation ··· 27
    8.3 Equipment Inspection ··· 27
    8.4 Girder-erecting Machinery Being in Position ····································· 27
    8.5 Girder Feeding ·· 31

8.6	Girder Being in Position	32
8.7	Grain Filling for Supporting Padding Stone	33

9 Management of Informatized Construction 34
    9.1   General Requirements 34
    9.2   Security Management 34
    9.3   Quality Management 35
    9.4   Personnel Management 35
    9.5   Progress Management 37
    9.6   Material Management 37
    9.7   Equipment Management 37
    9.8   Cost Management 38

10 Security of Information System 39
    10.1   General Requirements 39
    10.2   Physical Security 39
    10.3   Operation Safety 40

Appendix A Check Table of Point Inspection 42
Appendix B Check Table of Installation for Bearings 45
Explanation of Wording in This Standard 46
List of Quoted Standards 47
List of Patents and Proprietary Technology 48

1 总则

1.0.1 为规范铁路箱梁架设信息化施工的组织和实施，提高铁路箱梁架设信息化施工管理水平，保障箱梁架设施工安全和质量，制定本规程。

1.0.2 本规程适用于铁路箱梁架设信息化施工与管理。

1.0.3 铁路箱梁架设信息化施工应与数字化、网络化、智能化等信息技术融合，积极推广应用新技术、新工艺、新材料、新设备。

1.0.4 施工信息收集和展示应根据设备结构进行适应性匹配。

1.0.5 铁路箱梁架设信息化施工过程中，应重视信息化工作的检查、监督、管理。

1.0.6 信息系统安全应符合国家现行网络安全管理办法的有关规定。

1.0.7 铁路箱梁架设信息化施工除应符合本规程外，尚应符合国家现行有关标准和中国铁建现行企业技术标准的有关规定。

2 术语

2.0.1 箱梁架设信息化施工　informatized construction for box girder erection

应用先进通信、网络、数据库等信息技术，采集箱梁提、装、运、架等施工信息，通过无线或有线网络传输，利用信息平台存储、自动分析处理、预警等技术手段协助管理，实现箱梁安全架设的施工方式。

2.0.2 数据采集　data acquisition

通过人工录入及利用提运架设备配置的各类传感器自动采集，将各类信息处理后，从系统外部保存到系统内部的一个接口。

2.0.3 数据传输　data transmission

数据从一个地方传送到另一个地方的通信过程。

2.0.4 预警　early warning

根据采集的数据等信息，经过与预设阈值对比分析后，对落入阈值范围的信息，及时发出警示信号的行为。

2.0.5 终端　terminal

在系统网络中处于网络最外围的设备，主要用于用户信息输入、结果呈现及交互展示。

2.0.6 架桥机　girder-erecting machinery

架设铁路预制混凝土桥梁的专用成套施工设备。

2.0.7 提梁机　girder-lift machinery

吊装混凝土梁的专用起重设备。

2.0.8 运梁车　girder transporter

运送梁体的专用自行车辆。

2.0.9 喂梁　girder feeding

架梁作业时，梁体从机动平车或运梁车上移至主机吊梁位置的过程。

2.0.10 悬臂式过孔架桥机　girder-erecting machinery of cantilever beam passing spans type
主梁采用三点支撑的连续体系，无导梁，过孔时主梁呈悬臂状态的架桥机。

2.0.11 导梁过孔式架桥机　girder-erecting machinery of guiding beam passing spans type
采用起重小车吊梁、安装，利用导梁过孔的架桥机。

2.0.12 运架一体式架桥机　girder-erecting machinery with girder-transporting function
集吊梁、运梁、架梁一体化的架桥机。

2.0.13 点检　point inspection
按照一定的标准、一定的周期对设备规定的部位进行检查，以便提前发现设备故障隐患，及时加以修理调整，使其保持规定功能的设备管理方法。

3 基本规定

3.0.1 铁路箱梁架设单位应建立信息化施工管理组织机构，制定管理制度，并配备相应专业人员。

3.0.2 参与信息化实施的相关人员应经过专业培训，熟悉管理目标、信息化配置、数据采集及处理、预警及异常信息响应、维护保障等工作。

3.0.3 铁路箱梁架设信息化施工应以安全、质量管理为主线，对施工全过程实行规范管理、动态管理和智能管理。

3.0.4 铁路箱梁架设信息化施工应以信息融合处理为核心，架梁单位应根据工程需要合理选用应用系统和集成平台。

条文说明

信息融合主要实现途径是信息集成，而信息集成是通过数据及应用接口实现不同功能系统之间的数据交换和功能互联，将施工现场各个独立的设备、应用和信息等集成到互相关联的、统一和协调的系统之中，解决系统之间的互相连接和互操作性问题，使资源达到充分共享，实现集中、高效、便利的管理，消除系统信息孤岛，提高系统的整体服务能力，对应于系统架构中的平台层。

3.0.5 铁路箱梁架设信息化施工应按规定配置网络设备设施，并具备实时监控网络运行和系统安全的功能，能够执行数据保护和实现信息安全。

3.0.6 信息采集设备应具备自动读取、识别、记录，连接远程数据库、实时上传数据等功能。信息采集应符合下列规定：
1 系统信息的采集应满足实时性要求，储存应满足原始完整性和溯源性要求。
2 在运行周期内，系统的硬件采样周期不应大于100ms。

条文说明

条文相关内容依据现行国家标准《起重机械 安全监控管理系统》（GB/T 28264—

2017）第6.8.5条编写。

3.0.7 铁路箱梁架设设备采集的信息内容应包括：
1 设备必检细目。
2 设备运行必查细目。
3 质量必控细目。
4 项目管理把控环节。

3.0.8 信息传输应采用多通道技术，满足实时性要求和保障传输安全，并应符合下列规定：
1 应根据施工环境，选用有线或无线的方式。
2 应采用开放的数据通信协议，并应采取加密措施。
3 应具备断点续传功能。
4 应满足现场设备之间互联互通要求。

3.0.9 信息存储应符合下列规定：
1 储存的数据信息或图像信息应包含数据或图像的变化和工作时间。
2 对于开关量数据，运行周期应保证系统可对变化的数据顺序存储。对于其他数据，运行周期内系统的存储周期不应大于2s。
3 系统在储存容量达到设定的储存时间前，应提示管理人员提前备份保存。
4 在关闭电源和供电中断时，系统的信息储存单元应保留已采集的所有信息。

3.0.10 信息预警应采用声、光、色及信息推送等多种形式。

3.0.11 信息展示应采用图形、表格、文字及其组合等多种形式，并保持一致性。

条文说明

信息可以根据需要采用图形、表格、文字形式单独显示，也可以选择图形加文字、表格加文字或图形、表格加文字等方式显示。

4 信息化施工平台

4.1 信息化施工体系

4.1.1 铁路箱梁架设信息化施工体系应由基础层、平台层、应用层及用户层组成，体系架构可按图4.1.1执行。

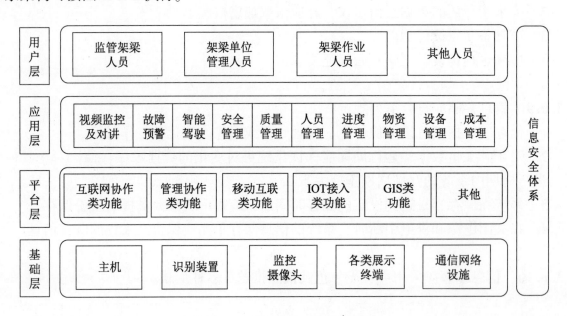

图4.1.1 信息化施工体系架构图

4.1.2 体系架构各组成层应符合下列要求：

1 基础层应包括施工过程信息采集、显示等各类信息设备，以及设备运行基础设施，并对箱梁架设全过程各类信息进行采集、识别、存储、显示及控制。基础设施设备主要包括主机、收集信息的识别装置、监控摄像头、各类展示终端及通信网络设施等。

2 平台层应包含互联网协作、管理协作、移动互联、物联网IOT接入、地理信息系统（GIS）等功能，并支撑应用层的具体应用，实现对箱梁架设各类信息数据的汇聚、整合及各业务管理功能模块的集成运行。

3 应用层应包括视频监控及对讲、故障预警、智能驾驶、安全管理、质量管理、人员管理、进度管理、物资管理、设备管理及成本管理等功能模块。

4 用户层主要包括从监管到决策、实施、执行、操作等相应层次的监管架梁人员、架梁单位管理人员、架梁作业人员及其他人员等，通过基础层提供的客户端和移动端等展示终端实现应用。

4.1.3 信息化施工体系应符合下列要求：
1 信息平台登录、终端应用应建立分级授权和分类展现。
2 信息系统存储文件应满足原始完整性和溯源性要求，并保证足够存储容量。
3 系统文件及数据存储时间不应少于 30 个连续工作日，视频存储时间不应少于连续 72h。
4 信息系统应具备信息采集、传输、存储、分析和预警功能，借助互联网可实现在线应用和信息共享。
5 信息系统应具有向下兼容性，低版本系统的数据应能无损迁移到高版本系统。

条文说明

条文相关内容依据现行国家标准《起重机械 安全监控管理系统》（GB/T 28264）第 6.8.7 条编写。

4.1.4 铁路箱梁架设信息化实施应保障安全质量、落实施工指令，施工指令应由决策层、实施层、执行层、操作层逐级完成，其信息管理流程可按图 4.1.4 所示进行。各层级实施人员及工作内容应符合下列要求：
1 决策层：应由施工负责人根据信息结果分析偏差原因，制定优化对策，并制定下达新的计划。
2 实施层：应由现场负责人组织作业实施和监督巡查。
3 执行层：应由班组机长、部室负责人对各指令上报结果进行复检、反馈，合格后确认上传结果。
4 操作层：应由操作司机、业务人员对施工及机械状态进行检查，按指令操作，并上传相关资料信息。

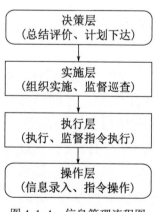

图 4.1.4 信息管理流程图

4.1.5 铁路箱梁架设信息化实施应以班组机长、操作司机及各业务人员监控为主，以现场负责人监控为辅，对各类信息实行多层面监控，并应根据异常程度实行班组机长、维护组分级处理。信息监控与处置流程可按图 4.1.5 所示进行。

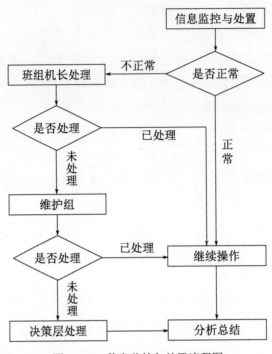

图 4.1.5 信息监控与处置流程图

4.2 信息化施工平台功能要求

4.2.1 铁路箱梁架设施工信息化应符合下列规定：

1 架设设备信息系统与设备控制系统应互相配合，通过通信模块与传输系统，实现对现场架设设备运行状态的监控。

2 应实时记录运行状态数据参数，并可对数据参数进行统计分析、报警及故障数据回放。

3 网络系统应对架设设备系统的数据进行接收，并定期通过网络将数据传输到后台终端。

4 视频系统应通过摄像头及高分辨率监控器拓展操作人员的视野，全程实时监控架设设备的工作过程，完整存储视频信息，并能够随时调取查看相关视频信息。

5 通过信息采集及共享，围绕项目安全、质量、人员、进度、物资、设备、成本等需求进行信息集成，形成多个专业应用模块，实现项目全面管理。

4.2.2 铁路箱梁架设信息化应满足下列基本功能：

1 信息采集：应通过传感器对箱梁架设设备运行数据及施工现场工作数据进行实时采集。

2 视频监控：应对各监控部位的设备现场工作状态进行实时采集及远程传输。

3 能够记录承载信息、工作循环、工作时间等相关信息，并可随时查阅任意时间段的信息。

4 作业信息统计：应能统计某一时间段内的作业量、作业时间等信息。

5 显示功能：应能显示架设设备的基本运行状态及核心部件的工作状态。

6 系统应能自身监控，并在部件出现故障时，自动修正或者报警提醒。

7 报警控制：应具有集成超载超限报警、自动控制等功能。

8 一键止停：应能在危险状态时，按下止停键，切断箱梁架设设备运行回路，将设备止停。

9 信息导出：应能下载相关记录信息。

4.2.3 铁路箱梁架设设备信息化监控的内容应满足下列要求：

1 铁路箱梁架设时应对设备的起重量限制器、起升高度/下降深度限位器、运行行程限位器、联锁保护装置、超速保护装置及起升机构制动器等安全保护装置信息源进行信息采集。

2 铁路箱梁架设时应对设备起重量、起升高度/下降深度、运行行程、风速、操作指令、工作时间、累计工作时间及工作循环等参数进行监控。

3 铁路箱梁架设时应对设备起升机构制动器的开闭、机构之间的运行联锁保护、同一或不同轨道运行机构安全信号及超速保护等状态进行监控。

4 铁路箱梁架设时应对过孔状态、架梁状态、运梁车同步状态等关键工序进行视频监控。

条文说明

铁路箱梁架设设备信息化监控内容应符合现行国家标准《起重机械 安全监控管理系统》（GB/T 28264）中桥式起重机、架桥机对应的相关要求。起升机构制动器的开闭、机构之间的运行联锁保护、同一或不同轨道运行机构安全信号、超速保护是起重机械核心工作状态。

5 信息化设施及系统配置

5.1 一般规定

5.1.1 信息采集设备应具有定位、自检功能，并配备备用电源。

条文说明

  定位模块主要用于设备的地理空间定位，以确认数据采集设备的空间位置。备用电源主要考虑施工期间有可能发生断电现象，为保证监控数据采集过程的连续，需配置备用电源。

5.1.2 信息采集设备应具有传感器、控制器预警阈值的自定义功能。

5.1.3 铁路箱梁架设信息化系统宜采用地理信息系统（GIS）技术，实现工地、监管设备和监管事件等信息在 GIS 上的可视化表达、浏览及查询等。

条文说明

  铁路箱梁架设信息化系统建议采用 GIS 技术实现可视化的表达，在地图空间数据基础上，叠加各项监管专题图，并加强空间数据分析，以提高现场监管水平。

5.1.4 设备管理信息系统应具备对所采集数据信息的处理及控制功能，并在设备发生故障时启动声光预警，还应具备按预设要求实现止停控制的功能。

5.1.5 设备驾驶室内应配置设备运行状态指示灯，对应行走制动、缓冲压力、制动压力、视频终端、可编程逻辑控制器（PLC）操作、故障报警等装置。

5.1.6 设备管理信息系统性能应符合下列要求：
  1 系统应满足设备的实际使用环境条件要求，在起重机实际使用工况下，系统综合误差不应大于5%。
  2 系统应具备抗电磁干扰能力，且不应对其他设备产生干扰影响。
  3 系统应具备采集数据及监控视频的信息远程传输功能。

条文说明

条文内容依现行国家标准《起重机械 安全监控管理系统》（GB/T 28264）编写，系统综合误差实质是系统测量值和实际数值的最大相对误差，其规定起重机实际使用工况下的系统综合误差不应大于5%。

5.1.7 驾驶室或操作台主权开关应设置身份识别装置并配置遥控器主开关，宜选用带语音功能的摄像头。

条文说明

身份识别可选择生物特征识别、射频卡识别、条码识别、二维码识别等方式。

5.1.8 设备管理信息系统设施配置应符合现行国家标准《起重机械 安全监控管理系统》（GB/T 28264）等有关规定。

5.1.9 信息基础设施所涉及的传感器、自动识别装置、网关、存储器等各类硬件设施应检验合格，并应符合国家现行电磁兼容相关标准的规定。

条文说明

相应设备电磁兼容参照国家现行标准《工业、科学和医疗（ISM）射频设备骚扰特性 限值和测量方法》（GB 4824）、《电磁兼容 限值、谐波电流发射限值（设备每相输入电流≤16A）》（GB 17625.1）、《信息技术设备的无线电骚扰和限值测量方法》（GB 9254）和《无线通信设备电磁兼容性要求和测量方法》（YD/T 1312.16）执行。

5.2 提梁机信息化配置

5.2.1 提梁机电气柜内应设置PLC控制器参数采集模块，收集电机变频参数、重量显示值、起升高度值、支腿垂直度值及风速值等参数。

5.2.2 卷扬机卷筒处应安装速度传感器、视频监控器，起重钢丝绳应设置张力或拉力传感器等。

条文说明

视频监控要按国家现行标准《视频安防监控系统工程设计规范》（GB 50395）、《公共安全视频监控联网系统信息传输、交换、控制技术要求》（GB/T 28181）、《安全防范视频监控摄像机通用技术要求》（GA/T 1127）、《安全防范高清视频监控系统技术要求》（GA/T 1211）和《建筑工程施工现场视频监控技术规范》（JGJ/T 292）的相关要求执行。

5.2.3 提梁机各主检部位应设置支持设备点检的射频编码 RFID 标签，主检部位应包括驾驶室、电气控制柜、制动器、卷扬机钢丝绳、天车及支腿等。

5.3 运梁车信息化配置

5.3.1 液压系统宜设置以 10s 级周期采集功能泵、马达和油缸工作压力值的压力传感器。

5.3.2 电气系统电磁阀宜设置以 10s 级周期收集用电部件工作电压电流值的电压电流传感器。

5.3.3 运梁车悬挂、主梁等受力区域宜设置压力传感器。

5.3.4 运梁车车体摄像头及激光测距传感器配置应符合下列要求：
1 车体的前端应设置摄像头和激光测距传感器、后端应设置摄像头。
2 行走轮胎前、中、后端应设置超声波传感器。

5.3.5 运梁车各主检部位应设置支持设备点检的射频编码 RFID 标签，主检部位应包括运梁车的发动机、水箱、燃油箱、液压油箱、蓄电瓶、驮梁小车、动力仓及驾驶室等。

5.3.6 运梁车装梁时，应在箱梁固定支座外侧安装激光发射器，并在运梁车对应位置安装信号接收器。

条文说明

铁路箱梁吊装采用"四点起升（支承）"，并沿着固定轨道行走，同时每孔梁设置 4 个支座，即固定支座、横向支座、纵向支座、多向支座，故选择其中的固定支座作为对位的标的，能够实现箱梁的快速对位、落梁。

5.3.7 运梁车宜配置智能纠偏或自动驾驶装置。

5.3.8 运架一体机应配置倾角传感器、机械重锤式限位器、称重测力传感器、应力传感器、压力传感器、张力传感器、红外线扫描传感器及风速仪等。

5.4 架桥机信息化配置

5.4.1 电气柜内应设置 PLC 控制器参数采集模块，收集电机变频参数、重量显示值、起升高度值、机身水平值、支腿垂直度值及风速值等参数。

5.4.2 架桥机应设置过孔轨迹到位限速、终点预警和极点止停装置，视频范围应覆盖监控区域。

5.4.3 起重钢丝绳应设置张力或拉力传感器。

5.4.4 运架一体机主受力销、非运架一体机前支腿或辅助支腿定位销应设置限位传感器。

5.4.5 箱梁落位点宜设置测距传感器或摄像装置。

5.4.6 架桥机各主检部位应设置支持设备点检的射频编码 RFID 标签，主检部位应包括驾驶室、电气控制柜、制动器、卷扬机钢丝绳、前后天车、发动机、后支腿、辅支腿、前支腿及卷扬机超速开关。

5.4.7 架桥机应在天车顶部安装风速仪。

5.5 展示终端信息化配置

5.5.1 信息控制中心应设置信息输入终端、语音对讲终端和多屏展示终端。

5.5.2 箱梁架设施工现场宜设置触屏展示终端。

5.5.3 展示终端信息化性能应符合下列要求：
1. 展示终端系统应具备抗电磁干扰能力。
2. 展示终端系统综合误差不应大于 5%。
3. 在关闭电源或供电中断时，系统的信息存储应保存远程传输的所有信息。

5.5.4 展示终端应设置双供电自动转换装置。

5.6 网络设施配置

5.6.1 网络设施配置应具有兼容性、可扩充性、可靠性和安全性，并符合国家现行有关标准的规定。

条文说明

兼容性能够保证监控、传输和显示设备在系统中的正常运行；可扩充性使整个系统在不影响现有应用的前提下，具备监控点数量增设和系统提升能力。

5.6.2 信息系统应采用适应不同规模的灵活组网方案，并具备可应用的网络结构。扩展硬件环境时，应支持小容量向大容量的平滑过渡。

条文说明

随着施工的推进，工程量、人员、机械设备等信息处于不断变化的状态，要求系统可支持灵活的组网方案，以适应变化要求。同时，系统使用过程中各项数据不断增加，所需的硬件容量也在不断增加，所以要求系统硬件能支持硬件环境从小容量向大容量的平滑过渡，降低系统设备更新所造成的困难。

5.6.3 网络设施配置应符合下列规定：
1 应具有便于信息采集设备接入的无线网络设施。
2 无线区域网络信号应覆盖信息采集设备装置点。
3 应具有移动通信网络，并覆盖施工主要区域。

条文说明

无线区域网络设施可包括无线保真（Wi-Fi）、紫峰（ZigBee）、蓝牙等无线区域技术所涉及的各类模组、终端、网关、路由器、协调器等设备设施。无线区域网覆盖范围的要求是保证现场各信息设备互联互通的必要条件。移动通信网络可包括2G、3G、4G、5G等移动通信网络，以满足人员通信及部分现场信息设备的接入需求。

5.6.4 信息管理网络系统应建立完善的安全体系，防护等级不应低于二级。

条文说明

根据国家现行标准《信息安全技术 网络安全等级保护定级指南》（GB/T 22240）的有关规定，网络安全等级依据受侵害的客体、对客体的侵害程度两个因素确定，对"公民、法人和其他组织和合法权益"最高等级为二级。

建立二级安全防护能够免受来自外部小型组织的、拥有少量资源的威胁源发起的恶意攻击，能够发现重要的安全漏洞和处置安全事件，且在自身遭到损害后，能够在一定时间段内恢复部分功能。

6 施工准备

6.1 一般规定

6.1.1 铁路箱梁架设前，应根据铁路工程信息化技术应用的相关规定，结合工程及设备特点编制信息化实施方案，主要内容应包括工程概况、组织机构、资源配置、信息化实施内容、工作流程及应急措施等。

6.1.2 铁路箱梁架设单位应根据信息化实施方案，配备终端设备及电脑等相应的设施设备，并安装、调试相关功能软件。

6.1.3 铁路箱梁架梁前，参与信息化实施的人员应根据信息化方案管理目标及功能，及时收集信息化工作的相关资料。

6.1.4 信息化设备和软件应按现行国家标准《智能建筑工程质量验收规范》（GB 50339）的有关规定进行产品质量检查，并应符合进场验收要求。

6.2 技术准备

6.2.1 人员进场应按国家特种设备作业人员监督管理的规定进行培训考核，并将人员、培训记录和取得证件等信息录入系统。

6.2.2 每孔箱梁均应结合施工总体部署和施工设计图编制技术参数表，并录入系统，主要技术参数应包括桥梁跨度、纵坡、曲线半径、梁面高程、梁缝宽度、垫石高程、支座型号等。

6.2.3 应根据施工设计图编制每孔箱梁的支座安装技术交底书及支座安装关键技术参数，并录入系统。

6.2.4 线下施工单位、制梁及架梁单位应提前组织对下部结构和箱梁实体进行交接验收，验收内容应符合现行行业标准《铁路桥涵工程施工质量验收标准》（TB 10415）和《高速铁路桥涵工程施工质量验收标准》（TB 10752）的相关要求。验收合格后应将验收资料录入系统，并应包含以下主要内容：
1 垫石同条件混凝土试件检测报告。
2 墩台里程和支座中心线验收资料。
3 根据线下施工单位提供的水准点复测支承垫石高程资料和每孔箱梁的灌浆厚度技术交底资料。
4 现场检查支座锚栓预埋深度、孔径、间距的影像资料。
5 箱梁制造技术证明书扫描件。

条文说明

成品梁的整体质量由制梁单位负责，架梁单位与制梁单位之间仅需按照相关标准的规定对梁体的合格证明文件、外观质量、主要几何尺寸及随梁配件等进行检查核对即可。垫石强度是影响墩台实体功能发挥、造成质量安全事故的关键因素，现行行业标准《铁路桥梁球型支座》（TB/T 3320—2013）规定支承垫石强度不小于C40。

6.2.5 物资部门和试验室应对进场材料检查验收，确认合格后将相关证明材料录入系统。

条文说明

架梁所用主要物资为支座、支座螺栓及支座灌浆料等，进场验收项目除满足质量验收标准的相关规定外，还要满足现场存放条件和状态的相关要求。

6.2.6 架梁线路上有高压线时，施工应符合下列规定：
1 架桥机架梁时应与高压线保持足够的安全距离，最小距离应符合表6.2.6的要求。

表6.2.6 架桥机与输电线的最小距离

输电线路电压（kV）	<1	1~20	35~110	154	220	330
最小距离（m）	1.50	2.00	4.00	5.00	6.00	7.00

2 高压线距梁面的高度小于架桥机作业高度与要求安全距离之和时，应迁改后再进行架梁作业，且架桥机应按规定进行接地。
3 应将架梁所经线路高压线所在位置、实际高度数据录入信息系统。
4 架梁班组机长确定架桥机与高压线间保持足够的安全距离后，方可进行架梁作业。

6.2.7 运梁车经过便道、桥涵和隧道的技术准备工作应符合下列规定：
1 应满足运梁荷载和通行净空的相关要求。
2 应对运梁通过的便道、桥涵和隧道进行检算，检算资料应及时录入信息系统。

3 运梁班组机长登录信息系统，确定运梁便道、桥涵和隧道具备通过条件后，下达运梁作业指令。

条文说明

架梁通道是否畅通是决定施工进度的关键，为满足架梁进度，要根据迁改日期适时调整架梁方向及架设速度。遇有重大影响时，要改变架梁方案，并选择相适应的架梁设备和装置。

6.3 设施安装

6.3.1 提梁机信息化设施应根据实施方案和本规程第 5.2 节相关要求，在提梁机组装过程、完成等阶段选择对应位置进行安装。设施类型和安装部位应符合下列规定：
 1 在电气柜内设置 PLC 参数采集模块。
 2 在吊具钢丝绳端头销轴或滑轮销轴处安装重量传感器，在主梁底部安装高度传感器，在主梁顶部安装倾角传感器。
 3 在卷扬机卷筒处安装速度传感器、视频监控器，起重钢丝绳处安装张力或拉力传感器。
 4 在提梁机驾驶室、电气控制柜、制动器、卷扬机钢丝绳、天车及支腿等位置安装射频编码 RFID 标签。
 5 在天车顶端安装风速仪。

6.3.2 运梁车信息化设施应根据实施方案和本规程第 5.3 节相关要求，在运梁车组装过程、完成等阶段选择对应位置进行安装。设施类型和安装部位应符合下列规定：
 1 在液压系统功能泵、马达和油缸的进出油管上安装压力传感器。
 2 在电气系统 PLC 上设置电压、电流传感器检测端口。
 3 在走行部位翼梁处安装测距传感器。
 4 运梁车前端、后端分别设置不少于 2 个摄像头。
 5 运梁车前、中、后端行走轮胎的两侧位置设置不少于 6 个超声波传感器。
 6 运梁车前端的中心位置设置 1 个激光测距传感器。
 7 在运梁车发动机、水箱、燃油箱、液压油箱、蓄电瓶、驮梁小车、动力仓及驾驶室等部位安装射频编码 RFID 标签。
 8 在箱梁固定支座外侧安装激光发射器，并在运梁车对应位置安装信号接收器。
 9 采用运架一体机运梁，应在车体左、右两侧各安装不少于 4 个安全监控摄像头，前、后车各安装 4 个超声波传感器。

6.3.3 运梁车配置智能纠偏或自动驾驶装置时，应符合下列规定：
 1 智能控制运输系统内部应配备 6 个超声波测距传感器，实时监测运梁车与钢筋预制件等两侧物体之间的距离。

2 系统监测到的数据应显示在运输监控系统的显示屏上，为班组机长对比两侧的实际差异提供可靠数据支持。

3 运输中发生偏移现象时，运输监控系统应通过转向角度控制器调整运梁车角度，并根据设定安全值范围实现报警、减速及自动驻车。

4 角度转向控制器应安装于下位机内，与多通道数据采集转换模块相连接，通过接收数据采集转换模块发出的指令控制运梁车方向。

5 运梁班组机长及操作司机等应实时注意运梁车体平衡状态，发现声光报警或异常现象时应立即发令停车；紧急状态下应立即启动止停按钮。

条文说明

运梁对安全、快速完成箱梁架设起着十分关键的作用，运输配备先进的智能纠偏系统和信息操作系统，具有操作可靠、性能高等优点。智能控制运输功能及信息控制原理如图6.3.3所示。

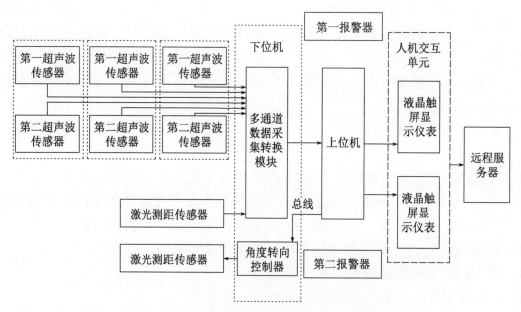

图6.3.3 运梁车智能控制运输功能及信息控制原理图

采用超声波测距传感器依据超声波回波测距原理，运用精确的时差测量技术，检测传感器与目标物之间的距离，具有测量准确、无接触、防水、防腐蚀、低成本等优点。

6.3.4 架桥机信息化设施应根据实施方案和本规程第5.4节相关要求，在架桥机组装过程中、完成后等阶段选择相应位置安装。设施类型和设置部位应符合下列规定：

1 在电气柜内设置PLC参数采集模块。

2 在吊具钢丝绳端头销轴或者滑轮销轴处安装重量传感器，在主梁底部安装高度传感器，在主梁顶部安装倾角传感器。

3 安装架桥机过孔到位限速、终点预警、极点止停装置及视频监控。

4 在卷扬机钢丝绳处安装张力传感器。

5 在运架一体机主受力销、非运架一体机前支腿或辅助支腿定位销安装限位传感器。

6 在架桥机驾驶室、电气控制柜、制动器、卷扬机钢丝绳、前后天车、发动机、后支腿、辅支腿、前支腿等位置安装射频编码 RFID 标签。

7 在箱梁落位点设置测距传感器或摄像装置。

8 在架桥机天车顶部安装风速仪。

9 在运架一体机相应位置安装倾角传感器、机械重锤式限位器、称重测力传感器、应力传感器、压力传感器、张力传感器、红外线扫描传感器及风速仪等。

6.4 设施调试

6.4.1 铁路箱梁架设设备信息系统调试应编制详细的调试计划，主要内容应包括调试目的、调试对象、调试内容、调试进度、资料核查及评价准则等。

条文说明

系统调试的目的是验证系统是否能真实、有效、实时地反映起重机械工作时的运行状况，并对这些状态和操作指令进行实时监控、记录及历史回放。通过系统调试，发现问题，修正程序，提出建议和修改方案，并有利于系统的日常维护保养。

6.4.2 架设设备信息系统调试应在模拟实际运行环境下进行，以确保系统功能、流程等满足架梁信息化施工需要。

6.4.3 架设设备信息系统调试应进行工作循环不少于 20 次或工作循环连续作业 16h 的试验验证。

6.4.4 铁路箱梁架设信息设施调试应包含以下主要内容：

1 应进行起重量综合误差、起重力矩综合误差、起升高度/下降深度、运行行程、工作幅度综合误差等试验。

2 应对架设设备水平度、风速、回转角度、支腿垂直度进行验证。

3 应对架设设备起升机构制动器的开闭、抗风防滑、联锁保护、工况设置、过孔、超速保护、防倾覆等进行监控状态验证。

4 应对信息化视频监控系统所安装的摄像头数量、安装位置、监控的施工范围进行视频系统验证。

6.4.5 铁路箱梁架设信息设施空载调试应符合以下要求：

1 空载试验时，应现场验证信息系统在起重作业状态的实时显示功能，并应以图像、表格或文字的方式显示工作状态的工作参数。

2 空载条件下，应根据现场实施情况对箱梁架设设备进行操作验证，各种动作应在显示器上即时显示。试验后，应查看相关记录，信息应实现储存回放。

6.4.6 在工作循环时间内，信息系统验证应符合下列要求：
1 信息管理系统应验证显示信息的清晰度。
2 信息系统应采用字幕方式显示信息并应与现场实际相对应。
3 信息系统应验证报警装置功能正常。

6.4.7 信息系统调试完成一个工作循环后，应调取相关试验数据及信息，验证实际记录与已完成工作循环的时间吻合度，系统应实现全部累计、记录和存储。

6.4.8 信息系统应在通电后检查系统自检程序，并应在系统断电重启后，验证数据保存的完整性。

7 箱梁装运

7.1 一般规定

7.1.1 箱梁装运前，现场负责人应通过信息平台发布装运梁计划，将需要装运的梁号输入信息系统，现场工作人员应及时上传有关信息并进行核对。

7.1.2 装运梁班组机长应通过信息平台逐一核对装运梁准备工作进展，确认满足装运梁条件后，许可装运梁作业。

7.1.3 运梁车风速仪实测风力达到6级时，系统应自动进行安全报警并停止装运梁作业。

7.1.4 箱梁装运应符合现行行业标准《铁路桥涵工程施工安全技术规程》（TB 10303）的相关规定。

7.2 人员就位

7.2.1 每次提梁作业应至少配备2名设备操作人员、1名地面指挥人员。

7.2.2 运梁作业每班组应至少配备2名设备操作人员、1名指挥引导人员及1名监护人员。

7.2.3 提运梁人员均应登录信息平台学习各自岗位职责，确认身份信息和学习记录。

7.2.4 提运梁作业人员每次上岗前，应到现场接受班前安全教育、领取工作任务，并在触摸展示终端进行签字确认及身份验证。

7.2.5 装运梁班组机长应通过身份识别进入驾驶室，再开始终端启动、网络运行检查等作业前的准备工作。

7.2.6 箱梁装运其他作业人员应根据任务分工佩带安全防护用品，领取操作工具，并进入各自工作岗位。

7.3 设备检查

7.3.1 开机前，各部位检查人员应通过身份识别进入点检系统，分别按照附录A表A.0.1、表A.0.2开机前点检检查细目扫描相应的射频编码RFID标签，并将检查情况影像、文字描述等信息上传设备信息系统。

条文说明

开机检查细目内容附录A表A.0.1、表A.0.2为厂家说明书要求的检查内容，施工中需根据具体的设备型号进行相应调整。

7.3.2 装运梁班组机长收到上传的开机检查情况，确认各项检查结果合格后，应在移动终端进行责任签认，下达施工指令。

7.3.3 运梁车操作司机应按现行行业标准《铁路桥涵工程施工安全技术规程》（TB 10303）的有关规定检查运梁车设备状态，并进行信息确认，运梁车检查内容及技术要求应符合下列规定：
1 主结构、悬挂、行走轮胎等部位状态良好。
2 运梁车整机的电气、液压系统正常。
3 驮梁小车、发动机等结构连接牢固。
4 运梁车架与驮梁小车位置正确，驮梁小车定位销插好。
5 驮梁橡胶垫板完好、无杂物。

7.4 支座预安装

7.4.1 支座安装前，质检员应按简支梁现行技术标准有关规定检查箱梁型号及外观、梁体结构外形尺寸、箱梁支座板位置及箱梁吊装孔质量。

条文说明

简支梁质量验收依据现行行业标准《高速铁路预制后张法预应力混凝土简支梁》（TB/T 3432）、《客货共线铁路预制后张法预应力混凝土简支梁》（TB/T 3043）的有关条文实施。

7.4.2 箱梁经检查合格、查验型号正确后，检查人员应将检查影像资料和箱梁数据上传，班组机长收到上传资料并确认无问题后，下达支座预安装作业指令。

7.4.3 安装人员应通过移动终端按照支座安装技术交底领取与梁号相对应的支座和配件，物资管理人员应通过信息系统同步推送支座相关质量证明材料。

7.4.4 支座安装后，质检员应按附录 B 表 B.0.1 的检查要求检查支座安装位置、方向、支座预埋件数量、支座灌浆料规格和数量、支座四角高差等，并在信息系统填表、确认。

7.4.5 支座安装完成后，质检人员应检查支座安装状况，检查合格后应扫描梁体及支座等信息，进入质量管理功能模块上传信息。上传的信息应包括下列内容：
1 支座合格证照片。
2 支座铭牌。
3 检查影像记录。

7.4.6 现场负责人核对支座型号、坡度、安装位置无误，确定安装质量符合要求后，通过移动终端下达进入下道工序指令。

7.5 提装梁

7.5.1 提梁机应设置卷扬机起升下落限制参数，运行速度不应大于 0.5m/min。

7.5.2 运梁车装梁前，操作司机应通过驾驶室信息平台查看运梁车各部位信息，确认主结构、悬挂、轮胎等行走状态参数正常，并通过视频及上传的照片检查确认各结构的连接情况正常。

7.5.3 提梁机应通过信息系统预设低位运行控制状态，并应符合下列规定：
1 分别设定在距运梁车 3m、高出运梁车 0.3m 时停车制动并报警，运梁车同步发出激光发射器对位信号。
2 信息系统应根据箱梁信号接收器接收到的位置信息实现箱梁位置纠正，并应在信息平台显示箱梁移动方向。

7.5.4 箱梁纠偏、调运至运梁车正上方且满足对位要求时，系统应发出语音提示箱梁对位正确，实现平稳对位落梁。

7.5.5 装梁完毕后，操作司机应全面检查运梁车及箱梁支垫等情况，并上传检查部位照片，经运梁班组机长确认以上部位及装载平衡、油压信息符合要求后，方可启动运行。

条文说明

箱梁吊装、运输时，要保证梁体实现"四点起升（支承）、三点平衡"，避免箱梁受扭。

7.6 运梁

7.6.1 运梁车重载运行时，系统安装的速度传感器应控制运梁车运行速度，一般地段不应超过5km/h，隧道、曲线、坡道地段不应超过3km/h，并应匀速行驶。运架一体机驮梁过隧道时，行走速度不得超过2.5km/h。

条文说明

条文内容根据现行行业标准《铁路桥涵工程施工安全技术规程》（TB 10303—2020）第6.5.15条"运梁车重载运行时应匀速前进，严禁突然加速或急刹车，一般地段的走行速度应控制在5km/h，通过隧道、曲线、坡道地段应控制在3km/h以内"及第6.5.22条作出规定。

7.6.2 运梁车运梁行进过程中，操作司机和监护人员应实时观察运梁车偏位状况。

7.6.3 行进过程中，运梁操作司机应通过前、后方及两侧视频摄像头观察路面情况，发现异常情况应立即减速、停止。

7.6.4 操作司机及监护人员应实时注意运梁车体平衡状态，出现声光报警或异常现象，应立即发令停车；紧急状态下应立即启动止停按钮。

7.6.5 运梁前方有障碍物不能通过时，班组机长应通过信息指令控制运梁车停止工作。

7.6.6 运梁车距离架桥机150m时，信息系统应语音提示及下达停车信息指令，并进行运梁车制动性能试验。

7.6.7 运梁车距离架桥机0.30~0.40m范围时，启动设定的纵向防碰撞距离声光预警。

7.6.8 运梁车在大于20‰的坡度上行驶时，信息系统应发出语音提示控制运梁车运行速度，并警示做好防溜措施。

条文说明

运梁车及运架一体机在大于20‰的坡度上行驶时属于特殊条件下作业，因此需通过系统提示操作人员做好相应的措施，确保运梁安全。在大于20‰的坡度上行驶时，需核实运梁车及运架一体机的适应范围，必要时应进行分析计算，以满足安全系数要求，并制定符合安全技术规程要求的相应措施。

8 箱梁架设

8.1 一般规定

8.1.1 铁路箱梁架设前应对架桥机吊杆组件进行探伤检查，并应在设备管理功能模块设置不大于架设200孔箱梁的探伤检查预警周期，每次探伤检查完成后应及时将探伤报告上传至设备管理功能模块。

8.1.2 架桥机风速仪实测风力达到5级时，系统应自动进行安全报警且架桥机不得过孔作业。风速仪实测风力达到6级及以上、气温低于-20℃时应停止架梁作业。风速仪实测风力超过10级、长时间停机时，系统应向设备管理和操作人员推送立即对架桥机进行锚固的警示信息。

条文说明

风力预警阈值设置按照现行行业标准《铁路桥涵工程施工安全技术规程》（TB 10303—2020）第6.5.5条"施工现场风力5级及以上时，严禁架桥机过孔作业；风力6级及以上、气温低于-20℃时应停止架梁作业。风力超过10级、长时间停机时，应将架桥机吊杆沉入箱梁吊杆孔内锚固或采用其他方式可靠锚定"制定。

8.1.3 每架设两孔箱梁，系统应自动提示设备操作人员检查吊梁小车上所有紧固件及连接件等部位。设备操作人员应采用移动终端对架桥机待检部位逐一检查并拍照上传，操作司机在终端确认后，进行下一孔梁作业。

8.1.4 架梁作业应设置作业区人员身份识别和作业防入侵报警提示。

8.1.5 架桥机过孔前，应由试验人员远程录入支座灌浆后2h的同条件养护砂浆试件抗压强度数据，系统确认满足要求后发出进入过孔工况提示。

条文说明

架桥机过孔根据现行行业标准《铁路桥涵工程施工质量验收标准》（TB 10415—2018）"支座砂浆强度达到20MPa、千斤顶撤出后方可通过运架设备"的技术要求作出规定。

8.1.6 铁路箱梁架设应符合现行行业标准《铁路桥涵工程施工安全技术规程》(TB 10303)的相关规定。

8.2 人员就位

8.2.1 架梁作业每班组应至少配备 4 名设备操作人员，包括 1 名过孔作业指挥人员、2 名设备运行防护人员及 1 名司机。

8.2.2 参与铁路箱梁架设设备操作人员应登录信息平台学习各自岗位职责，并进行身份和学习记录确认。

8.2.3 架梁作业人员每次上岗前，应现场接受班前安全教育，领取工作任务，并通过触摸展示终端进行签字确认及身份验证。

8.2.4 架梁班组机长应通过身份识别进入驾驶室，方可进行终端启动、网络运行检查等作业前的准备工作。

8.2.5 铁路箱梁架设其他作业人员应根据任务分工佩带安全防护用品，领取操作工具，并进入各自工作岗位。

8.3 设备检查

8.3.1 开机前，各部位检查人员应通过身份识别进入点检系统，按附录 A 表 A.0.3 开机前点检检查细目内容扫描相应的射频编码 RFID 标签，并将检查情况影像、文字描述等信息上传设备信息系统。

8.3.2 架梁班组机长收到上传的开机检查情况并确认检查结果合格后，应在移动终端进行责任签认，下达施工指令。

8.3.3 架桥机设备功能模块应设置每日作业前检查内容，重点对卷扬机、吊点、吊具、钢丝绳及绳卡等部位进行检查，发现问题应及时处理。

8.4 架桥机过孔就位

8.4.1 架桥机过孔就位应符合下列要求：

1 架桥机应严格按照使用说明书的过孔操作要求作业，施工前应根据过孔工况划分阶段并确定每一工况操作标准，前一工况现场检查和驾驶室视频监控均满足要求后，通过系统确认进入后一工况。

2 架桥机过孔工况信息应包含安全数据信息、实际照片信息、视频监控信息等，通过有线或无线方式传送到驾驶室和远程终端。

8.4.2 悬臂式过孔架桥机过孔信息化施工流程可按图8.4.2执行，过孔每个工况均应根据架桥机类型设置对应的信息采集内容，采集信息内容应符合下列规定：

1 工况一应主要采集中后支腿行走轨道平顺性、架梁支腿承载状态转换、架梁起重小车位置及夹轨器安装等信息。

2 工况二应主要采集前支腿提升及固定、架桥机主梁倾角等信息。

3 工况三应主要采集后中支腿行走轮、运行速度、架桥机主梁倾角、液压参数、电压参数及压力参数等信息。

4 工况四应主要采集中支腿与梁端距离、夹轨器安装等信息。

5 工况五应主要采集前支腿支垫、支腿垂直度、架桥机锚固、后中支腿转换及支垫、主梁水平度等信息。

图8.4.2 悬臂式过孔架桥机过孔信息化施工流程图

条文说明

悬臂式架桥机依据现行中国国家铁路集团有限公司企业标准《铁路架桥机架梁技术规程》（Q/CR 9213）包含的类型，将两跨悬臂式过孔架桥机、两跨步履式架桥机、一跨步履式架桥机工况统一归纳为悬臂式过孔架桥机。

8.4.3 导梁过孔式架桥机过孔包含架梁前导梁过孔、架梁后架桥机过孔两个阶段，过孔信息化施工流程可按图8.4.3执行，每个工况均应根据架桥机类型设置对应的信息采集内容，采集信息内容应符合下列规定：

　　1　工况一应主要采集主机前支腿支垫及垂直度、辅助小车位置、前起重小车位置、行走速度及导梁水平度、导梁行进位置等信息。

　　2　工况二应主要采集辅助小车位置、前起重小车位置、行走速度及导梁水平度、导梁行进位置等信息。

　　3　工况三应主要采集导梁前后支腿支垫、支腿垂直度、导梁水平度及锚固等信息。

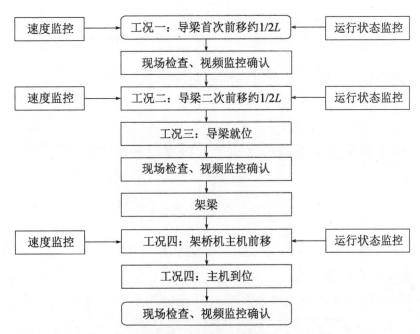

图 8.4.3　导梁过孔式架桥机过孔信息化施工流程图
注：L 为桥梁跨度。

　　4　工况四应主要采集主机行走速度、主梁倾角、液压参数、电压参数及压力参数等信息。

　　5　工况五应主要采集辅助支腿支垫、支腿垂直度、架桥机锚固、主梁水平度等信息。

8.4.4　有导梁式运架一体架桥机过孔信息化施工流程可按图8.4.4执行，导梁过孔每个工况均应根据架桥机类型设置对应的信息采集内容，采集信息内容应符合下列规定：

　　1　工况一应主要采集主中滚轮支腿支撑与垂直度、导梁与上一梁端锚固解除、前滚轮支腿脱离、导梁方向及水平度等信息。

　　2　工况二应主要采集导梁行走速度、导梁水平度及导梁行进位置等信息。

　　3　工况三应主要采集导梁前中后支腿支垫、支腿垂直度、导梁水平度等信息。

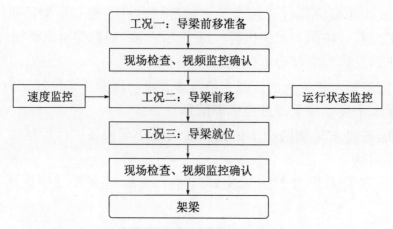

图 8.4.4 有导梁式运架桥一体机过孔信息化施工流程图

8.4.5 无导梁式运架一体架桥机过孔信息化施工流程可按图 8.4.5 执行，架桥机过孔每个工况均应根据架桥机类型设置对应的信息采集内容，采集信息内容应符合下列规定：

1 工况一应主要采集主支腿位置、主支腿支撑与垂直度、主梁方向及水平度等信息。

2 工况二应主要采集后车及前支腿驱动状态、整机行走速度、主梁水平度及辅助支腿行进位置等信息。

3 工况三应主要采集辅助支腿位置、支垫、垂直度，主机水平度，主支腿驱动状态、位置、支垫及垂直度等信息。

4 工况四应主要采集后车及前支腿驱动状态、整机行走速度、主梁水平度等信息。

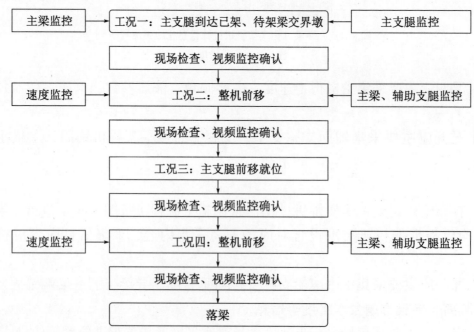

图 8.4.5 无导梁式运架桥一体机过孔信息化施工流程图

8.5 喂梁

8.5.1 运梁车进入运架分体架桥机喂梁前，检查人员应通过移动点检系统检查各防碰撞限位功能的工作状态信息，确认正常后方可喂梁。

8.5.2 运梁车靠近运架分体架桥机时，应采用自动对位控制系统进行梁体对位，运梁车速度档位应处于低速档，并应符合以下要求：

1 运梁车前端的激光测距传感器在运梁车与架桥机对位时应采集运梁车和架桥机之间的位置信息，并引导操作司机精确定位。

2 运梁车距离架桥机 30m 时，测距传感器应发出语音报警信息，信息系统应提示进入微动模式接近架桥机，在确认制动及控制系统、净空和侧面间隙等技术条件信息满足需要后进行喂梁作业，信息系统提示驾驶员进入低速档位行驶。

3 运梁车与架桥机间距达到 0.20m 极限距离时，系统控制运梁车自动停车。

8.5.3 箱梁进入运架分体架桥机后，起吊施工应符合下列规定：

1 吊具下落安装吊杆时，操作司机应查看下落距离，出现到位报警应停止下落。

2 过孔纵移前，操作司机应查看驮梁小车固定销拔出指示灯显示状态，确定固定销已拔出。

3 起吊梁体过程中，班组机长应查看起重量变化值以及起重电机电流值自动报警装置警示状态。

4 运梁小车和架桥机同步移梁过程中，应适时查看各自电机频率自动报警装置。

8.5.4 运架分体架桥机箱梁纵移应符合下列规定：

1 架桥机移梁过程中，班组机长应通过驾驶室信息平台适时查看起重小车运行频率、各电机运行电流值自动报警装置警示状态。

2 在接近前支腿及设计位置 4m 时，启动预设的距离提示及自动限速运行功能，将天车运行速度控制在 1m/min。

8.5.5 运架分体机喂梁时，除满足以上要求外，还应收集小车行走状态、箱梁水平度、架桥机稳定状态等信息。

条文说明

运架分体机是根据现行中国国家铁路集团有限公司企业标准《铁路架桥机架梁技术规程》(Q/CR 9213) 规定的架桥机类型，对除运架一体机以外的架桥机类型统称。

8.5.6 运架一体机架设操作人员应在过孔前现场检查导梁机锚固、各支腿锚固及垂直度、架梁小车的安全工作位置，复测小车中心距离导梁后端尺寸，导梁机后端距离墩中心尺寸等，检查完成后应进入信息系统进行确认，并将检查资料发送至班组机长予以验证。

8.5.7 运架一体机应通过前端设置的激光测距传感器，实时采集主机与导梁之间的位置信息，并根据获取的运梁车和架桥机之间的位置信息，引导班组机长对主机精确定位。达到预设的报警距离时，测距传感器应发出语音报警信息，提示班组机长调至低速档位行驶。在接到喂梁指令后，方可进行喂梁作业。

8.5.8 运架一体机喂梁纵移过程中，应收集运行速度、各支腿压力、液压参数、主机及导梁水平度、架梁小车位置等信息。

8.6 箱梁就位

8.6.1 作业现场应设置安全防护，现场负责人应通过移动终端确认以下内容：
1 已架设梁面临边防护设施完善，无非作业人员进入作业区域。
2 待架箱梁下方设置警戒范围，并有专人看护。
3 落梁墩顶人员已就位，墩顶安全防护到位。
4 坡道落梁时，防溜、锚固等加强措施应到位。

8.6.2 箱梁就位时，架梁班组机长将设备运行模式切换到落梁对位工作状态，下落速度应设置不大于0.50m/min的阀值进行限速及超速报警。

8.6.3 架梁班组机长应通过设备信息系统监控架桥机起重量、吊梁小车下降速度、小车位移及机身倾角等数据。

8.6.4 梁体下落对位宜采用智能对位装置，通过传感器与预设参数，使架桥机自动操作，梁体水平度、纵横向偏差、支座灌浆厚度等满足质量要求。其信息化设施配置应符合下列规定：
1 箱梁底部应设置不少于1个梁体水平度传感器。
2 箱梁每个端头正面应设置2个红外线距离传感器，分别测量横向距离、支座灌浆厚度。
3 支座中心线对应的固定支座侧箱梁侧面应设置1个纵向距离传感器。

8.6.5 以墩顶的水准点为基准，系统通过红外扫描传感器控制千斤顶升降调整箱梁高程，控制梁底、梁面高程符合设计要求，千斤顶反力应符合下列规定：
1 箱梁应落在临时支撑的测力千斤顶上，通过无线传输实时查看测力千斤顶数据。

2 每个支点反力与 4 个支点反力的平均值差不超过 ±5%，并应能够自动调整支撑千斤顶反力。

3 当压力表读数稳定，系统自动计算出 4 个测力千斤顶的平均值并记录后，卸除起重小车的吊杆螺母。

条文说明

测力千斤顶采用自动测力、测高程调整反力值及高度，有利于快速实现箱梁就位，提高架梁效率。同时，便于确保 4 个临时千斤顶均匀受力且构成三点平衡系统。顶落梁时，应通过系统设置确保每一端的千斤顶同步起落。

8.7 支座灌浆

8.7.1 支座灌浆过程中应监控灌浆模板安装、灌浆材料质量及搅拌质量、灌浆工艺及灌浆后的养护，并应通过信息系统实现自检资料留存。

8.7.2 支座灌浆前，对垫石应进行清理、湿润并安装灌浆模板，同时应将现场影像资料上传，得到自检确认后进行灌浆作业。

8.7.3 灌浆宜采用自动配料拌和机，应提前预设配合比、用水量、砂浆用量、搅拌时间等关键参数，相关参数上传至信息系统，实现信息共享。

8.7.4 支座灌浆应按照规定的工艺进行灌浆，并应通过视频监控系统留存全过程影像资料。

8.7.5 灌浆料初凝后，应记录养护开始时间、养护方式，相关信息应录入质量管理模块。

条文说明

根据现行行业标准《铁路桥梁球形支座》（TB/T 3320—2013）第 9.1.7 条"应及时洒水养护砂浆，材料达到规定强度后及时拆除临时连接装置和临时支撑"和中国国家铁路集团有限公司企业标准《铁路混凝土工程施工技术规程》（Q/CR 9207—2017）第 8.11.5 条"砂浆凝结后应及时洒水养护，养护时间不得低于 3d"的规定，要详细记录砂浆养护时间及方式。

9 信息化施工管理

9.1 一般规定

9.1.1 铁路箱梁架设信息化施工管理应将信息技术贯穿箱梁架设施工管理全过程，实现铁路箱梁架设安全监控、质量控制等管理目标，以优化业务流程，集成施工信息，提高管理效率和效益，增强施工竞争力。

9.1.2 铁路箱梁架设信息化施工管理应以"互联互通、信息共享、业务协同"为基础，实施项目信息化管理。

9.1.3 信息化施工管理应以满足安全、质量等关键控制细目为主线，以满足各类管理目标为目的，对施工过程各类信息进行采集、处理、整理和归纳分析。

9.1.4 信息化施工管理应实时监控、监督落实安全质量措施，通过信息融合实现管理目标。

9.2 安全管理

9.2.1 铁路箱梁架设信息化施工前及过程中的相关资料，主要应包括安全专项方案、运架设备安拆方案、安全培训计划、安全交底、现场安全防护措施及安全隐患控制方案等，并应及时录入系统。

9.2.2 安全管理人员应通过管理系统对现场存在的安全隐患提出整改要求，现场负责人应及时整改并通过信息系统回复整改后的资料信息。隐患整改情况通过系统进行闭环处置，系统应自动生成不同颜色及语音提示进行预警。

9.2.3 安全管理人员应通过监控终端对施工过程巡视监控，根据安全行为的严重程度，采取语音提示、限期整改及中断操作等手段进行监控。

9.2.4 现场负责人应对施工现场全过程安全实施监控，每道工序应通过监控终端或现场查看，对安全隐患及不安全行为应根据严重程度，及时采取提示、限期整改、立即整改等措施。

9.2.5 班组机长、操作司机及其他操作人员应根据安全监控职责分工，及时查看和采集、上传相应部位安全信息，并应及时发出、执行各类指令。

9.3 质量管理

9.3.1 施工过程中，宜对关键岗位人员从业资格、关键岗位人员质量行为、关键岗位人员电子签章授权等信息进行采集。

9.3.2 材料检测数据应现场采集、在线传输，并对检测报告的有效性进行验证和及时归档，同时应核查确认检测机构和人员资质。

条文说明

材料检测应利用定位、拍照等方法确定检测地点，以保证检测过程的真实性。同时，对取样的材料，可根据材料类型选用植入射频编码RFID电子标签或固定二维码标签。

9.3.3 关键部位或环节的管理应实现施工信息的自动采集和信息化管理。

9.3.4 检验批、分项、分部及单位工程验收过程的行为信息、质量信息等，应进行采集及信息化管理。不满足质量验收条件要求时，质量管理责任人应通过信息系统推送提示信息。

9.3.5 施工过程技术资料、关键岗位及人员、电子签章等，应实行电子化、信息化管理。

9.4 人员管理

9.4.1 人员管理应包括人员基本信息、人员安全培训信息、岗位信息、工作权限等基础信息，具体应包括以下内容：

1 人员基本信息应包括姓名、年龄、身份证号码、家庭住址、健康状况、进场时间、职务或工种等。

2 人员安全培训信息应包括进场教育时间及考核成绩、特种作业证书类别及有效时间、班前培训状态等。

3 岗位信息应包含岗位名称、工作区域、同岗位总人员及姓名、人员在岗时间段、岗位职责、操作要领等。

4 工作权限信息应包括岗位操作禁忌、实施时间及工作标准等。

条文说明

人员信息管理功能是智慧现场管理的基本功能要求,为施工现场人员的管理提供信息化、智能化技术支持。人员基本信息以居民二代身份证实名制为基础。

9.4.2 人员管理应采用刷卡+人脸(指纹)识别等实名制认证方式,对进入作业区及重点监控区的人员进行识别,并应对施工区域的人员姓名、数量、所在位置等信息实时展示,以及提供查询、统计等管理功能。

9.4.3 定位卡发放应将人脸照片(指纹)、定位卡号与人员信息绑定,并可实现安全教育培训信息、特种作业证书信息确认,定位卡对应的人员与人脸(指纹)识别经比对确认一致后,系统授权开启进入工作状态。

条文说明

人员定位信息采集设备可包括智能手环、定位器、手持电话等具有定位信息采集功能的设备。

9.4.4 系统应具备按照区域、类别、时间等条件组合对当前人数、所处位置、人员轨迹等信息进行实时查询的功能,查询结果可选用表格、图形、曲线等方式呈现,人员信息可显示在场地区域地图上,并能分层显示,正常、报警应采用不同的色标予以区分,系统可定期对数据进行备份。

9.4.5 对危险作业应设定作业区域、作业时间、作业人员等信息,并对作业区域进行监控。非作业人员进入相关区域时系统应自动产生越界警告,并可对超出作业时间的滞留人员发出滞留警告。

条文说明

根据箱梁架设安全防护要求,严禁非工作人员进入架桥机工作区域,严禁非操作人员进入操作室。

9.4.6 遇到险情时,岗位操作人员应通过一键求救按钮,及时发出求救报警信息,班组机长接到报警信息后,通过视频监控和人员定位功能,确定涉险人员位置,查看现场画面,实施现场应急处理。

9.5 进度管理

9.5.1 铁路箱梁架设施工进度管理应依据架梁计划的总体要求编制施工计划，建立施工计划与施工进度信息、质量信息、安全信息之间的联系并实现箱梁施工计划、架梁桥名、实际墩号、累计架梁等内容显示。

9.5.2 施工进度管理应通过跟踪箱梁运架施工，实现信息系统自动对施工进度进行评估、预警，并进一步修正施工计划。

9.5.3 施工进度管理应对收集的施工信息进行统计分析，并将结果作为绩效考核和施工能力评价的依据。

9.5.4 信息系统应可统计工序作业时间、运梁车行走时间等，分析确定各项工作额定时间，以优化施工计划和采取相应的提高工效措施。

9.6 物资管理

9.6.1 材料采购应建立采购计划与采购申请单、采购合同、原材料库存、进度信息之间的联系，收集并录入原材料到货、出库、进场及耗用信息，并与计划进行分析对比，依据进度管理信息及时调整采购量。

9.6.2 库存材料种类和库存区域应编码，建立原材料信息和库存区域信息、供应商信息之间的关系，并依据原材料库存信息统计分析项目的材料使用情况、库存情况、成本情况以及编制各类报表。

条文说明

物资管理数据库要建立物资从采购到使用全流程信息化管理，实现物资信息集成共享，用户能够随时关联有关物资信息，并通过对比分析，产生各类分析报表。

9.6.3 根据系统施工进度数据，应对箱梁架设施工物资管理开展跟踪、推演，及时对库存物资数量、节超控制进行预警，并应对材料节超原因进行分析，制定相应措施。

9.7 设备管理

9.7.1 铁路箱梁架设施工设备管理应重点对架设设备维护计划、运行状态、维护记录、开机检查、保养记录、大修记录、设备日志等信息进行记录，并进行信息推送。

9.7.2 设备信息管理应对设备进行统一编码，并进行各类信息建档、汇总。

9.7.3 项目设备管理人员应通过移动终端实现对现场设备操作人员录入的各类设备数据信息的审核，对未按程序录入的信息，系统应自动显示红色并进行语音提示。

9.8 成本管理

9.8.1 应根据合同、劳动定额、工期计划及单价信息等制定各项成本管理计划，明确成本管理目标。

9.8.2 铁路箱梁架设施工成本管控内容应包括建设费用、工资核算、作业汇总、资源分摊、验工计价、成本测算等，并同安全、质量、人员、进度、物资、设备等信息实时共享，可实现对各类成本的及时归集。

9.8.3 信息系统应设置成本计划与实际成本对比差值预警提示，并应具备超支成本分析功能。

10 信息系统安全

10.1 一般规定

10.1.1 铁路箱梁架设单位应针对信息安全管理建立工作机制,成立协调小组,明确岗位职责,制定管理措施,保障信息系统安全。

10.1.2 信息系统安全应包括下列内容:
1 硬件系统的物理安全。
2 操作系统和应用系统的运行安全。
3 网络及数据安全。

条文说明
　　物理安全是指支持信息系统硬件平台及环境(含设备、设施、介质及环境等)安全的技术和机制。

10.1.3 信息系统安全保护应依据现行国家标准《信息安全技术　网络安全等级保护基本要求》(GB/T 22239)选择身份鉴别、安全审计、访问控制、保密性保护、完整性保护等共性安全技术。

条文说明
　　保密性是防止信息在传输过程和使用过程中泄露给非授权用户或实体。身份认证要采用合适的方式,二级及以上等级保护系统至少采用两种认证方式。同时,信息化密码设计实行安全策略,包括密码长度、复杂度、更换周期等。验证码宜设计图形验证码,验证码长度需至少4位,随机生成且包含字母与数字的组合,并通过加密和安全的通信通道来保护验证凭证,限制验证凭证的有效期。

10.2 物理安全

10.2.1 基础设施应做好防火、防水、防雷、防震及防强电等安全防护。

10.2.2 信息传输应保证通道畅通、可靠，并防止信号截获事件发生。

10.2.3 信息系统设备应安全可靠，具备容错和故障恢复能力，支持系统不间断运行。

条文说明

　　信息系统设置容错能力是为了软、硬件出现错误时，能够通过一系列内部处理措施，确保出错情况下信息系统安全子系统（SSOIS）所提供的安全功能的有效性和可用性。

10.2.4 对数据库、服务器等核心控制软硬件所在区域应采取访问控制、视频监控、专人值守等物理安全防护措施。

10.2.5 宜拆除和封闭主机上不必要的USB、光驱、无线等接口。

10.2.6 信息化设施配置时，应对关键主机设备、网络设备、控制组件等进行冗余配置。

10.3 运行安全

10.3.1 根据信息系统安全运行的要求，应对硬件系统、操作系统、数据库管理系统、应用系统及网络系统进行安全性检测分析，对重要的信息系统应做攻击性检测。

10.3.2 信息系统使用前宜对网络环境进行安全审计，并应满足完备性、合理性和适用性技术要求。

条文说明

　　信息系统安全审计是评判信息系统是否真正安全的重要标准之一。通过安全审计收集、分析、评估安全信息、掌握安全状态，制定安全策略，确保整个安全体系的完备性、合理性和适用性，能够将系统调整到"最安全"和"最低风险"的状态。

10.3.3 根据信息系统运行安全的不同要求，信息系统边界安全防护应采用基本安全防护和较严格安全防护等级机制，必要时宜采用严格安全防护、特别安全防护等级安全机制及措施。

条文说明

　　信息系统边界安全防护基本安全防护为常规的安全防护，如登录、连接控制等，其余的防护等级逐步升高，划分标准依据现行国家标准《信息安全技术　信息系统安全通用技术要求》（GB/T 20271）确定。

10.3.4　信息系统正常运行应定期实施备份。

10.3.5　对静态存储数据和动态传输过程中的重要数据应进行保护，并根据风险评估结果对数据信息分级分类管理。

10.3.6　应选择具备防病毒和防恶意入侵功能的安全软件，保护系统安全。

10.3.7　配置和补丁管理应符合下列规定：
　　1　网络、主机和设备应采用安全配置，建立系统配置清单，并定期进行配置审查。
　　2　密切关注重大工控安全漏洞及其补丁发布，应及时采取补丁升级措施。在补丁安全前，应对补丁进行严格的安全评估和测试验证。

附录 A 点检安全检查表

表 A.0.1 提梁机点检安全检查表

编号：　　　　　　　工班：　　　　　　　日期：

序号	检查部位	主要检查项目		检查结果
1	钢结构受力部位	1. 结构变形及裂纹情况；2. 焊缝损伤情况；3. 主梁、支腿、卷扬机等主要受力部位连接螺栓（帽）紧固情况；4. 其余部位连接螺栓松紧情况	大、小车行走轮	
			主梁	
			卷扬机	
			支腿	
			小车轨道	
2	液压部分	1. 电机、油泵运转情况；2. 液压操纵阀；电磁阀等控制元件灵活可靠情况；3. 液压缸及油管接头渗漏情况；4. 油管老化程度；5. 磨损及腐蚀情况；6. 液压油液面位置	提梁小车液压站	
			大车行走轮转向泵站	
3	电器系统	1. 电磁阀及各电气元件运行情况；2. 线路接头松紧情况；3. 操纵装置灵活可靠情况；4. 保护装置灵敏可靠；5. 电气控制板防潮、防雨、防尘情况	大车配电柜	
			小车配电柜	
			驾驶室	
4	发动机组动力系统部位	1. 燃料、润滑油、冷却液无渗漏；2. 润滑油、冷却液品质正常；3. 发动机仪表读数在正常值；4. 发电机仪表读数在正常值		
5	卷扬机升降机构部位	1. 卷扬机、减速器温度；2. 卷扬机、减速器、卷筒、滑轮运转情况；3. 润滑油、润滑脂情况及品质；4. 制动器及制动衬垫与制动盘接触情况；5. 钢丝绳磨损及卡头松紧情况；6. 轴承磨损及腐蚀情况		
6	行走转向机构部位	1. 提梁小车减速器温度，提梁小车减速器运转情况；2. 大车减速器温度，大车减速器运转情况；3. 润滑油、润滑脂情况及品质；4. 刹车制动系统运行情况；5. 轴承及各转动件磨损及腐蚀情况		
7	防护部位	1. 发电机的爬梯和护栏；2. 提梁机的斜爬梯和护栏；3. 驾驶室的爬梯和护栏；4. 提梁小车的爬梯和护栏；5. 提梁机支腿焊接的临时爬梯；6. 提梁机大车行走的防撞橡胶垫和夹轨器；7. 提梁机小车行走的防撞橡胶垫		
8	轨道	1. 螺丝是否拧紧，接头间隙是否过大；2. 轨道是否平整，是否有明显下沉		
9	其他			

存在问题：	原因分析：
处理措施：	处理及结果：

检查人：　　　　　设备部：　　　　　安全部：　　　　　现场负责人：

表 A.0.2 运梁车点检安全检查表

工班：　　　　日期：　　　　风速：　　　　天气：

序号	检查部位		检查内容	检查情况	处理措施及结果	检查人员
1	开机前检查	发动机机油	机油油位			
		水箱	水箱水位			
		蓄电瓶	电液量			
		燃油箱	燃油量，及时补充			
		电瓶线	连接情况			
		液压油箱	油位，无泄漏			
		驮梁小车	电机运转情况			
			制动情况			
2	运行中检查	发动机	发动机运转情况			
			各仪表显示情况			
			同步情况			
		液压系统	压力是否正常			
			工作状态是否正常			
			渗油情况			
			温度情况			
		走行装置	轮组制动情况			
			轮组转向情况			
			振动情况			
			声音是否正常			
			油缸渗漏情况			
3	工作后检查	动力仓及驾驶室	驻车制动情况			
			各开关归零			
			清洁驾驶室卫生			
			工具交接情况			
			关闭电源，电瓶断开			
其他	设备累计运转时间：　　　小时			班组操作司机：		
	已架梁孔数：　　　孔			班组机长签字：		
	安全员签字：			现场负责人签字：		

表 A.0.3　架桥机点检安全检查表

工班：　　　　　日期：　　　　　风速：　　　　　天气：

检 查 内 容	检查情况		检查人	处理结果及措施	复检人
	正常	异常情况说明			
驾驶室内各仪表和指示灯是否正常					
驾驶室内显示屏是否正常工作					
各个电气控制柜接线是否正常					
各个电气控制柜开关吸合是否正常					
各个电气控制柜热继电器是否复位					
PLC 系统是否正常工作					
变频器是否正常工作					
照明系统和风速仪是否正常					
各操作元件是否正常工作					
各电铃是否正常工作					
盘式制动器是否正常工作					
卷扬机是否正常工作					
卷扬机钢丝绳是否出现断丝现象					
各个限位是否正常工作					
前后天车及下导梁天车电机风机是否正常工作					
前后天车及下导梁天车电机是否正常工作					
后支腿行走电机、辅支腿电机风机是否正常工作					
后支腿行走电机、辅支腿电机制动器是否正常工作					
后支腿、辅支腿液压系统是否正常工作					
前后天车及下导梁天车横移调整油缸是否正常工作					
各行走链条是否正常工作					
吊具滑轮组是否正常运转					
各支腿受力是否正常					
前支腿在桥墩上的位置及受力是否正常					
整机各连接主要受力部位螺栓是否正常					
发动机各机油、柴油、防冻液是否满足工作需要					
散热器是否正常工作					
电瓶电解液是否足够，充电是否正常					

班组机长：　　　　　安全员：　　　　　现场负责人：

附录 B 支座安装检查表

表 B.0.1 支座预安装检查表

时间		年　月　日	天气	
支座安装	规格型号	类型	出厂编号	位置
		GD		
		HD		
		DX		
		ZX		
支座检查	支座安装位置		支座安装方向	
	支座外观质量		螺杆型号、数量	
	（检查合格打"√"，不合格打"×"，及时更换，并详细记录）			

班组机长签字：

本规程用词说明

执行本规程条文时,对于要求严格程度的用词说明如下,以便在执行中区别对待。
(1)表示很严格,非这样不可的用词:
正面词采用"必须",反面词采用"严禁"。
(2)表示严格,在正常情况下均应这样做的用词:
正面词采用"应",反面词采用"不应"或"不得"。
(3)表示允许稍有选择,在条件许可时首先这样做的用词:
正面词采用"宜",反面词采用"不宜"。
(4)表示有选择,在一定条件下可以这样做的,采用"可"。

引用标准名录

1 《信息安全技术 信息系统安全通用技术要求》（GB/T 20271）
2 《信息安全技术 网络安全等级保护基本要求》（GB/T 22239）
3 《信息安全技术 网络安全等级保护定级指南》（GB/T 22240—2020）
4 《公共安全视频监控联网系统信息传输、交换、控制技术要求》（GB/T 28181）
5 《起重机械 安全监控管理系统》（GB/T 28264—2017）
6 《视频安防监控系统工程设计规范》（GB 50395）
7 《安全防范视频监控摄像机通用技术要求》（GA/T 1127）
8 《安全防范高清视频监控系统技术要求》（GA/T 1211）
9 《建筑工程施工现场视频监控技术规范》（JGJ/T 292）
10 《建筑工程施工现场监管信息系统技术标准》（JGJ/T 434）
11 《铁路桥涵工程施工安全技术规程》（TB 10303—2020）
12 《铁路桥涵工程施工质量验收标准》（TB 10415—2018）
13 《高速铁路桥涵工程施工质量验收标准》（TB 10752）
14 《客货共线铁路预制后张法预应力混凝土简支梁》（TB/T 3043）
15 《铁路桥梁球型支座》（TB/T 3320—2013）
16 《高速铁路预制后张法预应力混凝土简支梁》（TB/T 3432）

涉及专利和专有技术名录

1 国家专利

［1］中铁十二局集团有限公司．一种运梁车纠偏监控系统：中国，ZL201711201497.3［P］．2019-02．

［2］中铁十二局集团有限公司．900t 箱梁运架施工信息化管理系统 V1.0：中国，2017SR509038［P］．2017-09．

本文件的发布机构提请注意，声明符合本文件时，可能涉及到相关专利的使用。

本文件的发布机构对于该专利的真实性、有效性和范围无任何立场。

该专利持有人已向本文件的发布机构保证，他愿意同任何申请人在合理且无歧视的条款和条件下，就专利授权许可进行谈判。该专利持有人的声明已在本文件的发布机构备案，相关信息可通过以下联系方式获得：

专利持有人姓名：中铁十二局集团有限公司

地址：山西省太原市西矿街 130 号

请注意除上述专利外，本文件的某些内容仍可能涉及专利。本文件的发布机构不承担识别这些专利的责任。

2 工法

［1］中铁十二局集团有限公司．SJGF18-21-536 900t 箱梁信息化运架施工工法［D］．太原：山西省住房和城乡建设厅．2018．

［2］中铁十二局集团有限公司．SJGF19-22-613 900t 运梁车智能控制运输施工工法［D］．太原：山西省住房和城乡建设厅．2019．